LES AÏNOS

ORIGINE. — LANGUE. — MŒURS.

RELIGION.

PAR MERMET DE CACHON

DE LA SOCIÉTÉ DES MISSIONS ÉTRANGÈRES, MEMBRE DE PLUSIEURS SOCIÉTÉS
SAVANTES, CHEVALIER DE LA LÉGION D'HONNEUR.

———•◦•———

PARIS

MESNEL, LIBRAIRE, RUE DU BAC, 12

AU COIN DE CELLE BABYLONE

——

1863

LES AÏNOS.

Les habitants des possessions russes sur le grand fleuve *Amour*, les indigènes des *Sagarins*, de *Kamchatka*, des *Kouriles* et de *Yezzo*, forment comme une classe de peuple à part, distincte des Tartares, des Japonais, des Coréens et des Chinois. On serait tout d'abord tenté de les faire descendre des Tartares. Malgré la différence assez prononcée entre les traits physiques, malgré surtout la différence de leurs mœurs et de leurs usages, il y a entre leurs dialectes des similitudes si marquées, des traditions si ressemblantes, qu'il est permis de rattacher tous ces demi-barbares à la grande famille tartare.

Les traits physiques de ces tribus se ressemblent assez. Toutes se distinguent par leur teint cuivré, leur peau rude, ridée et couverte de poils, par un système osseux très-proéminent, par une irrégularité profonde dans leurs formes, etc., etc.

Leur caractère moral offre moins d'uniformité que leur nature physiologique. Ainsi, l'indigène de *Yezzo* ou le *Aïno* est *franc, probe;* celui de l'*Amour* ou le *Giliac* est plus fourbe et plus cruel. Leur intelligence est naturellement peu développée et aussi rudimentaire que leur civilisation.

Toutes ces tribus se font remarquer par le culte rendu à l'ours. L'ours est sans contredit le dieu qui compte parmi ces sauvages le plus d'adorateurs. La mer, les montagnes, les grands fleuves, les volcans, ou les génies qui président à l'eau, au feu, à la terre et à l'air, reçoivent aussi un culte particulier.

Rien de plus simple, ou plutôt de plus pauvre et de plus misérable que leur habitation. La maison du Aïno se compose invariablement d'une seule pièce servant à *tout*. Quelques arbres ébranchés, mais non travaillés, du chaume et du jonc, tel est le matériel qui fait tous les frais de l'architecture chez ces peuples primitifs. La terre nue est recouverte d'une natte grossière chez les riches et les hauts dignitaires; la fumée s'échappe par l'unique ouverture, la porte. Nous disons unique, quoique tout à côté de la porte il y ait généralement une petite lucarne, qu'on est libre d'appeler fenêtre, servant d'entrée aux esprits du foyer, aux mânes de l'ours et des ancêtres. Cette petite ouverture, que le chat ou le chien profane quelquefois, est sacrée, et si, par accident, elle se bouchait ou se détériorait notablement, ce serait une preuve que les dieux ont abandonné la maison : force serait de la détruire et d'en reconstruire une autre, si un voisin ami ne venait à l'insu des propriétaires enlever l'obstacle et rétablir la communication avec les esprits du dehors.

Aux *murailles en paille* de la maison sont suspendus les ustensiles de cuisine, c'est-à-dire un chaudron, une grande cuillère en bois, des pots et des tasses en laque grossière, puis d'autres instruments qui sont l'arc, les flèches, la hache, le couteau, le sabre, les filets, les rames, une espèce de lance, la *machine à pleurer* et l'*instrument* à juger les procès dont nous parlerons plus bas.

La cuisine est des plus simples et des plus élémentaires; du poisson bouilli ou cru, de la viande d'ours, des herbes marines, quelques racines, du vin au *miki* (extrait d'une racine), quelquefois du riz, tels sont à peu près les mets dont se régale le *Aino*. Sa table est invariable; pour les fêtes et les circonstances solennelles, la liqueur de *miki* se charge de faire tous les frais. Cependant les *Ainos* se vantent des progrès que l'art culinaire a fait chez eux: ils racontent qu'autrefois leurs ancêtres, simples et ignorants, cuisaient leurs aliments en faisant rougir au feu une pierre ou une pièce de fer qu'ils plongeaient dans le potage ou le *ragoût*, recommençant ainsi l'opération jusqu'à ce que la cuisson fût parfaite.

L'habillement est le même pour les hommes et pour les femmes. C'est une robe de toile grossière, jaunâtre, avec des dessins bleus sur le dos, liée par une ceinture de la même matière. Les *dames* un peu aisées et qui ont des prétentions au luxe portent, par dessous leurs robes, des cotonnades moins rudes, achetées aux Japonais, aux Russes ou aux Chinois. La femme fait croiser sa robe de droite à gauche, tandis que l'homme la fait invariablement croiser de gauche à droite. La tête est particulièrement cultivée chez la femme, les cheveux sont divisés sur la tête à la nazaréenne; les oreilles sont chargées de coquillages ou de verres de couleur; les lèvres et tout le contour de la bouche, les dents sont tatouées d'un noir bleu. Ce tatouage chez la femme est un usage universel depuis

l'*Amour* jusqu'aux *îles Loutchous* et paraît avoir la même signi-
fication, c'est-à-dire la fidélité de la femme mariée. Chez les
Japonaises les dents seules sont soumises au tatouage; la Lout-
chouenne y ajoute le tatouage des mains, mais ne se rase pas
les sourcils comme la Japonaise mariée.

Suivant les Aïnos, c'est une déesse qui, la première, intro-
duisit cet usage chez eux. Cette déesse, d'une grande beauté,
avait surtout une bouche, des lèvres ravissantes. Les dieux se
la disputaient : pour se délivrer de leurs poursuites, elle eut
recours à cet affreux badigeonnage qui est devenu une loi
pour la *Aïnose* et un aliment pour la coquetterie. Si on nous
avait consulté sur l'opportunité de ce tatouage, nul doute que
nous eussions voté contre, parce que c'est une difformité
inutile ; la Aïnose est assez laide *par nature*, et je déclare sur
mon impartialité que s'il n'y avait que des Aïnoses dans le
monde, l'épithète affreuse de *vilain sexe* aurait été universelle-
ment adoptée.

Chez les Loutchouens, l'origine du tatouage est à peu près
la même ; ici c'est une veuve d'une rare beauté qui, pour dé-
goûter ses amants, se défigure et se barbouille volontairement ;
et cet usage est tellement passé dans les mœurs chez eux, ainsi
que chez les Japonais, que les dents blanches chez la femme
mariée sont un scandale et une infamie.

La polygamie est permise. La gloire et le suprême degré de
vertu pour la femme Aïnose, c'est de chercher de belles concubines pour son mari.

Elle a la réputation d'être exempte de jalousie ; aussi les
Japonais la citent-ils comme un exemple à leurs femmes qui
sont sans cesse en guerre avec leurs concubines.

La *Aïnose* mérite-t-elle réellement la *triste* réputation que
lui font les livres japonais ? jugez-en par le trait suivant : Un
jour je demandais à une Aïnose pourquoi elle prenait tant de
peine pour chercher une rivale qui lui ravirait l'affection de
son mari ?

Parce que, répondit-elle, si je ne cherchais pas moi-même un caractère qui ne soit pas trop mauvais, il (le mari) amènerait ici deux ou trois démons qui me dévoreraient. La Aïnoso connaît donc la jalousie et n'est point sans cœur, comme les Japonais voudraient bien nous le faire croire.

D'ailleurs cette pauvre esclave, aussi bien qu'en Chine et au Japon, n'est pas libre de choisir son maître : elle est souvent fiancée lorsqu'elle est encore dans le sein de sa mère. Deux femmes conviennent entre elles que, si leurs fruits sont d'un sexe différent, elles en feront un couple, et le mariage est comme conclu. Si l'une d'elles a quelque raison de soupçonner la bonne foi de sa commère, elle exige d'elle le serment solennel qui consiste à diviser une poule en deux et à faire passer la partie contractante entre les deux pièces encore saignantes. Si, malgré ce serment solennel, l'une des parties devient infidèle, l'esprit du poulet, témoin de ses serments, fera infailliblement mourir l'enfant né de la parjure. A quinze ou seize ans, l'entremetteur d'usage fait les derniers arrangements, et lorsque les deux parties sont d'accord, lorsque des présents ont été échangés entre les parents, l'entremetteur choisit un soir calme mais obscur, et conduit sans bruit la fiancée à la maison de son futur. Celui-ci est alors assis près du foyer avec ses parents et ses amis, causant de choses indifférentes, de tout, excepté du mariage. L'entremetteur entre, cachant la jeune fille derrière lui : les hôtes le saluent légèrement et se gardent bien d'apercevoir la fiancée. La conversation continue indifférente et froide, comme auparavant. La scène a d'ailleurs été préparée d'avance : des luminaires non-allumés sont disposés en grand nombre dans toute la chambre. La lumière seule du foyer éclaire la scène ; on oublie peu à peu la présence de l'entremetteur qui se retire, laissant là seule la fiancée que personne ne doit regarder. Cependant, après quelques minutes, la fiancée se lève sans bruit et court allumer les lampes ou chandelles préparées pour la circonstance. C'est le signal de la fête, c'est-à-dire de copieuses libations de *miki*, de danses, de chants, etc., etc.

La femme Aïnoso jouit d'une réputation de grande fidélité à son mari; d'ailleurs, si celui-ci la soupçonne, il a un moyen facile d'éclaircir ses doutes; il consiste à faire bouillir de l'eau dans un chaudron profond, au fond duquel on jette quelques petites pierres et à les faire retirer une à une de l'eau bouillante par la femme soupçonnée. Si son bras nu n'est pas attaqué par l'eau bouillante, son innocence est manifeste et brille d'un nouvel éclat; si, au contraire, l'eau ne respecte pas la peau, la malheureuse est ou renvoyée ou mise à mort.

L'affection maternelle est plus profonde chez la Aïnoso que chez la Japonaise : l'infanticide, si commun au Japon, est à peine connu parmi les Yezzonnais. La Aïnoso aime son enfant, et on peut dire qu'elle ne sait pas s'en séparer; elle le porte continuellement derrière son dos entre l'habit et la chair, en le soutenant avec une ceinture qui vient se nouer sur la tête de la mère. Aussitôt que l'enfant est né et lavé, on lui fait avaler un petit morceau de poisson, et enfin on l'offre aux génies *Oursins*, aux Kamoï (les Kamis des Japonais), génies bienfaisants et protecteurs de la pêche.

On reconnaît ici une grande analogie avec les mœurs japonaises. Le lavement de l'enfant, le riz qu'on lui offre au Japon, son *oblation* aux dieux (Kamis), la manière de le porter, tout est identique. On y retrouve même la ceinture offerte à la jeune mère pour empêcher l'enfant de trop grossir. Ainsi, au Japon, aussitôt que la grossesse de la jeune mariée est reconnue, on se hâte de faire venir le médecin. La jeune mère est soumise, en présence de son époux et de sa mère ou belle-mère, à un examen dont sa modestie doit beaucoup souffrir. Lorsque l'homme de l'art a déclaré que la grossesse est réelle, le mari, assisté de la mère, passe une ceinture sous la robe de la femme qu'il serre assez fortement pour empêcher le développement excessif de l'enfant, qui pourrait compromettre l'existence de la nouvelle mère.

Cet usage *cérémonieux* est également pratiqué par les Aïnos. Les voisines et les amies viennent féliciter la nouvelle mère, lui offrir des présents, et souhaiter pour son fruit la force et le courage de l'ours, la rapidité du chevreuil, la finesse et la délicatesse du poisson.

Les écoles sont inconnues aux Aïnos; ils n'ont pas de littérature, pas d'écriture. Leur histoire, leur rite, leur croyance, tout est confié à la tradition orale. Le seul prêtre, l'historien, le maître, le savant par excellence, c'est le poëte : lui seul est inspiré du ciel, lui seul connait les glorieux faits de son peuple et ses héros; l'histoire ancienne et contemporaine, les généalogies des familles, tout est confié à sa vaste mémoire divinement assistée. Lui seul a le droit d'enseigner, de discourir sur le sacré et sur le profane; il est prêt à vous renseigner sur tout; il a des pièces de vers, des ballades, des chansons pour tous les faits de l'histoire, pour tous les sujets qui peuvent intéresser le *Aïno* : aussi avec quelle religieuse curiosité est-il entouré et écouté par les anciens et les jeunes gens du village! Qui oserait douter de l'exactitude, de la véracité de tout ce qu'il chante? il parle si divinement!

Un jour étant en visite chez mes bons Aïnos, je questionnais les anciens sur l'origine de leurs ancêtres, sur les premiers faits de leur histoire; il m'était impossible de rien tirer de mes hôtes; les anciens frémissaient à mes questions, secouaient tristement la tête et paraissaient étonnés de ma simplicité ou de ma témérité. Enfin, le poëte, l'inspiré arrive : on me mène à lui avec un empressement qui tenait de l'enthousiasme.

Voilà celui qui sait tout, me dirent-ils, interrogez-le ; il vous

(1) Il y a un dictionnaire aino-chinois-japonais à la bibliothèque des Missions Étrangères, 128, rue du Bac.

dira des choses qui vous empêcheront do manger et de dormir.

Pourquoi, noble étranger, fatiguer de questions ces gens simples et ignorants?

Il n'y a qu'un ciel et il n'y a qu'un poëte, que demandez-vous?

Mon interlocuteur était un homme déjà âgé, et s'il n'avait pas l'air d'être inspiré, il paraissait au moins beaucoup plus intelligent que ses compatriotes.

« D'où venez-vous, où naquirent vos ancêtres? demandai-je; viennent-ils du ciel? viennent-ils de la terre? est-ce la mer ou la montagne qui les a produits? — Ni l'une ni l'autre, » répondit le maître avec un ton d'impatience bien marqué.

L'inspiré, se tournant alors vers l'occident, s'agita fortement, puis s'inspirant par un récitatif harmonieux, il commença sur une gamme fort élevée le récit suivant :

« Lorsque l'ours seul errait dans nos forêts, lorsque le poisson venait dormir sur nos rivages, il y avait au sud un dieu (1). Ce dieu avait épousé une déesse dont les yeux étaient plus beaux que le soleil et la lune. Jamais pierrerie, jamais diamant, ne brillèrent d'un éclat aussi pur que son teint. Elle fut infidèle... Mourir et retourner au ciel était le sort qui l'attendait. Le dieu fut clément, parce qu'il l'aimait : il la confia aux flots de la mer sur un frêle esquif qu'il fit charger de fruits et de vases pour l'usage de la malheureuse déesse. Les dieux de la mer poussèrent l'esquif sur nos rivages, tout près de Matsoumaï. Mais hélas! la déesse n'avait plus de fruit... Triste et pleurant elle se retira dans la grotte d'une profonde vallée au fond de laquelle coulait une rivière. La princesse désirait mourir et fermait les yeux pour ne plus voir les beaux arbres, les belles fleurs. Tout-à-coup un léger bruit se

(1) L'empereur du Japon.

fit entendre dans cette solitude profonde : ce bruit n'était point le murmure du ruisseau ni le chant de l'oiseau. La déesse étonnée lève les yeux et aperçoit un chien charmant, nageant contre le courant et portant dans sa bouche un fruit d'un côté et une fleur de l'autre. Il arrive et se jette aux pieds de l'exilée, lui offre le fruit et la fleur, puis la caresse de son mieux. Le cœur de la déesse remonte, elle prend la fleur et mange le fruit qui était délicieux. Le chien s'éloigne sans bruit et revient bientôt apportant d'autres fruits. La princesse le trouve gentil, le caresse. Le fidèle serviteur apporte tous les jours un nouvel aliment : quelquefois c'est un poisson ; d'autrefois c'est du miel. La déesse est charmée. Elle a la joie dans le cœur et le chant sur les lèvres ; elle aime son compagnon ; elle l'épouse et bientôt naquit le premier Aïnos.

Le troubadour avait fini : et la foule d'applaudir et de me donner des détails que l'enthousiasme avait fait oublier au poëte.

Quelque ridicule que soit cette fable, elle est populaire même parmi les Japonais, qui, sur ce point, n'admettent pas qu'il soit permis d'élever des doutes.

Voyez, disent-ils, si les manières des Aïnos ne confirment pas la vérité du récit de leur origine. Est-ce que les Aïnos avant de s'asseoir ne tournent pas plusieurs fois comme le chien pour choisir leur position ? ne s'accroupissent-ils pas comme lui ? leur nez n'est-il pas semblable à celui du chien ? etc., etc.

En dehors de ce troubadour, de ce livre vivant, il n'existe chez les *Aïnos* aucun enseignement.

Leur langue simple et facile n'a pas d'alphabet ; elle est pauvre, très-imagée, emprunte de fréquentes comparaisons à la mer, aux volcans, à l'ours, au cerf, etc... Ainsi le salut est celui-ci : « Que l'esprit et la force de l'ours soient avec toi ! »

Lorsque la mort fait un deuil dans une famille, c'est une immense calamité ; il faut brûler la maison et avec elle l'esprit de la mort qui y est entré. Ensuite toute la famille, tous les parents désolés doivent chômer pendant sept ou huit jours qu'ils consacrent à pleurer. Le huitième jour, qui est celui des funérailles, est un jour de pleurs redoublés, de cris lamentables.

Pour s'exciter à la douleur tous les hommes, nus jusqu'à la ceinture, sont armés d'une espèce de pilon en bois, gros et noueux, avec lequel chacun frappe sur son voisin, qui se hâte de rendre le coup qu'il a reçu : les coups mutuels durent jusqu'à ce que le cortège soit arrivé au tombeau. Aussitôt que la terre a recouvert les restes de leur parent ou ami, commence une fête, où le *miki* fait oublier et les regrets, et les coups, et les meurtrissures qui en sont la suite.

Ce même pilon, le grand instrument des pleurs, comme on l'appelle, joue encore un autre rôle bien plus important parmi les Aïnos : c'est lui qui juge et termine tous les procès et toutes les disputes. Aussitôt qu'un différend s'élève entre deux personnes, un conseil d'amis est assemblé. Si la matière est grave, l'assemblée décide que le *pilon* seul peut trancher la difficulté. Donc, au jour convenu, les deux adversaires se rendent avec leurs amis sur le rivage. Chacun d'eux adresse sa prière aux esprits, aux dragons de la mer, et le duel commence immédiatement. Les deux champions sont nus, on jette les sorts pour décider celui qui frappera le premier. Lorsque le sort a prononcé, le patient présente son dos à son adversaire, qui le frappe d'un certain nombre de coups réglés à l'avance. Le patient les reçoit en poussant de temps en temps de sourds gémissements ; le sang ne tarde pas à jaillir de ses épaules meurtries. Enfin le dernier coup est appliqué. La douleur a exaspéré la victime : le blessé se relève en poussant un cri féroce et rend coup pour coup tout ce que son ennemi vient de lui *avancer*. Si les deux parties ne paraissent pas épuisées et qu'aucune d'elles ne soit disposée à faire des excuses, l'épreuve recommence et dure aussi longtemps que les témoins ne font pas cesser cette atroce scène. Les blessures guéries, le duel recommence, jusqu'à ce que l'une des parties s'avoue vaincue : souvent la mort seule peut mettre fin à ce combat si barbare. Ces duels sont d'ailleurs si communs parmi les *Aïnos*, que tous les jeunes gens s'exercent de bonne heure à recevoir de ces coups sur le dos, pour endurcir leur peau et se préparer ainsi à défendre leur honneur et celui de leurs familles.

Si un *Aïno* gravement insulté refuse de se battre, ou si, pendant la lutte, il cède trop tôt à la douleur, il est condamné à mourir à la première préparation du *boussou*. Le boussou est un poison très-violent, dont la composition est un secret que les *Aïnos* n'ont jamais voulu révéler à leurs vainqueurs, les Japonais. Malheur à celui qui trahirait le secret : s'il échappait à la vengeance de ses compatriotes, les dieux auraient soin de les venger. Ce poison, destiné à empoisonner les flèches, doit être soumis à une assez longue cuisson. Pour s'assurer de sa puissance et savoir si la cuisson a été portée au point voulu, on force le *lâche* qui a refusé de se battre ou, à son défaut, un criminel condamné à tremper le doigt dans le mélange, puis à le porter ensuite à sa langue. Si la mort est à peu près instantanée, la composition est excellente ; dans le cas contraire, c'est un mélange manqué, il faut recommencer.

Ce poison est un ennemi redoutable pour le voyageur qui s'aventure dans les forêts de *Yezzo :* il est exposé souvent à tomber dans le piége que le *Aïno* a préparé pour l'ours, le renard ou le cerf. Ce piége consiste en une longue corde généralement tendue à l'entrée d'un bois, et armée, à l'extrémité, d'un arc tendu caché dans un fourré. Malheur à l'imprudent qui touche la corde : une flèche empoisonnée part et le frappe mortellement. Cette machine infernale est si bien calculée, que, au rapport des *Aïnos*, elle frappe quatre fois sur cinq.

Ce n'est pas là, pour le *Aïno*, la seule manière de chasser l'ours et les bêtes fauves. Le *Yezzonnais* est passionné pour la chasse ; c'est pour lui le champ de bataille où le brave se couvre de gloire. Le nombre de têtes d'ours suspendues à l'entrée d'une case est comme autant de trophées qui indiquent le degré de gloire du héros. D'ailleurs, la religion du *Aïno* l'engage à cette chasse dangereuse, puisque, comme nous le verrons plus bas, plus il tue d'ours, plus il se crée d'esprits protecteurs, de bons génies qui veillent sur son foyer. Le Aïno chasse pendant sept mois de l'année, et les cinq autres mois sont consacrés à la pêche. Ses armes sont la lance, l'arc, la hache, le poignard. Les braves ne se servent guère que de cette arme pour attaquer leur ennemi ; mais, à l'exemple du paysan russe, ils ont soin de s'entourer le bras d'une lanière en cuir ou d'une corde. C'est surtout pendant l'hiver que la chasse à l'ours est heureuse. L'ours de Yezzo, grisâtre, grand et de la plus belle espèce, choisit pour hiverner une caverne, un trou quelconque, où il vit dans une retraite profonde. De quoi vit-il?........ Fait-il des provisions? jeûne-t-il pendant six mois et plus? Selon les Aïnos, il passe les jours et les nuits à se lécher la patte, qu'il suce sans cesse.

Quoi qu'il en soit, aussitôt que les chiens, dressés à cette chasse, ont découvert le trou par où passe l'haleine du solitaire, ils avertissent le Aïno, qui accourt et applique sur le petit trou une espèce de forte claie en bois; l'ours ne peut briser la prison de neige qui le couvre; il s'agite, il rugit; le chasseur creuse la couche de neige; enfin l'ours la brise et bondit; mais s'embarrasse dans la claie et tombe percé par son ennemi. Cette chasse ne procure pas seulement de la gloire au Yezzonnais : la peau de l'ours, très-estimée des Japonais, le fiel, panacée universelle dans la médecine du Japon, et la chair, dont se régale le Aïno, sont, pour l'heureux chasseur, une source de bénéfice net et fort apprécié.

La femme aïnose n'est pas moins passionnée pour la chasse; rarement elle se mesure avec l'ours; mais elle fait une guerre acharnée au cerf, au renard, au chacal, etc., etc.

Le temps que le Aïno ne consacre pas à la chasse, avons-nous dit, est employé à la pêche. Celle-ci s'ouvre solennellement, en mai ou en juin, par des jeûnes, des purifications et des chants. L'inspiré court sur les rivages de la mer, grimpe sur les montagnes, et somme les génies marins de pousser les poissons vers le rivage, d'écarter les tempêtes, en un mot de rendre heureux le filet du Aïno.

Le Yezzonnais n'a jamais voulu s'adonner à l'agriculture; il la méprise. Il reçoit du Japonais ses vêtements, son tabac, son riz, les liqueurs fortes pour lesquelles il est passionné. Il a porté toute son attention et toute son industrie vers la pêche. Il construit de bonnes et fortes barques; fait des filets et des cordages avec l'écorce des arbres, et de grossières nattes en jonc lui servent de voiles. Il manie admirablement bien la rame, et attaque la baleine avec des armes si simples, que les marins de nos baleiniers ne voudraient jamais les employer.

La mer de Yezzo est excessivement poissonneuse. Chaque poisson a sa saison. Ainsi le saumon arrive du N.-O. en février, mars; la sardine en avril; le hareng en mai; la morue et le grand saumon en juillet, août; le *cuttle-fish* en automne. Le poisson, séché et bien empaqueté, est vendu au Japonais, ou plutôt échangé avec des habits, du riz, du tabac, etc. L'huile de poisson est vendue aux Européens, et les débris sont exportés au Japon, où ils deviennent un engrais des plus puissants.

Les algues marines, appelées *kobou* ou *kombou*, et *sea-weed* par les Anglais, sont aussi une grande source de richesse : elles deviennent un des principaux articles d'exportation pour la Chine. Les fameux *irico* et *awabi*, deux espèces de coquillage et de chenille de mer, sont également très-estimés des Chinois, qui les payent au prix de 10 à 15 francs par kilogramme. Autrefois le commerce de ces *irico* et *awabi* était un monopole du gouvernement, et il y avait peine de mort contre le gourmand qui osait manger du fruit défendu. Depuis l'ouverture du Japon au commerce étranger, cette défense a été levée, et le Japonais peut s'en régaler sans remords de conscience.

L'*otoché*, espèce de petit veau marin, mérite une mention particulière : il est fort rare et se vend un prix exorbitant. Le

Chinois et le Japonais le regardent comme un remède souverain contre les maladies d'épuisement, surtout si cet épuisement a pour cause la débauche. Aussi le plus grand cérémonial accompagne la pêche de ce précieux habitant des mers; on jeûne rigoureusement un jour, pendant lequel on se purifie; on lave les barques, les filets, les rames; puis, par un beau jour, au milieu du silence, chaque rameur, ayant une feuille d'arbre entre les lèvres pour affaiblir le bruit de sa respiration, manie sa rame *en douceur*. L'otoché dort ordinairement au soleil, renversé sur le dos; sa présence est trahie par de nombreuses corneilles de mer qui se baignent dans son voisinage. C'est, sans contredit, une pêche d'un grand prix. Les Japonais, après avoir mangé un otoché, croient avoir pris un abonnement de dix ans de plus sur la vie.

Les fourrures sont une autre ressource pour les Aïnos : outre les peaux d'ours et de cerf dont nous avons déjà parlé, les peaux de renard, de martre, de castor, le plus beau connu, et bien d'autres, sont un objet de commerce important entre la Russie et le Japon.

Les ressources que le Aïno tire de sa chasse forment comme le luxe de sa vie : l'utile et le nécessaire lui viennent de la pêche. Aussi celle-ci est-elle, pour lui, une œuvre solennelle, une œuvre sainte. Nous l'avons vu la commencer par des purifications et des prières; un chant d'action de grâce et une danse sainte la terminent. Les chants et la danse sont, d'ailleurs, les deux grandes manifestations des sentiments joyeux, religieux ou tristes du Aïno. Un proverbe aïno dit :

« Un homme qui n'a jamais chanté ou dansé est un homme « qui n'a pas vécu. »

C'est surtout dans les fêtes que le *Aïno* fait une grande dépense de gosier et de jambes, et comme les fêtes sont chez lui très-nombreuses, on peut dire que le Yezzonnais est un peuple chantant et dansant. La plus remarquable de leurs fêtes, et la seule que nous décrirons ici, est le sacrifice et l'apothéose de l'ours.

La naissance de cet heureux ours, destiné à recevoir les honneurs de l'apothéose, est généralement prédite par cet inspiré dont nous avons parlé. Il doit réunir certaines qualités que l'inspiration divine seule peut révéler au poëte. Comme c'est un grand honneur de découvrir ce prédestiné, honneur que tout Aïno ambitionne, les malins disent que souvent l'oracle se prononce en faveur de celui qui l'achète le plus cher. Quoi qu'il en soit, un beau jour le peuple aïno étonné apprend la grande nouvelle : l'ours béni a été trouvé ; il réunit toutes les qualités prédites par l'oracle ; il est vif, féroce, jeune, mignon. Le nom du père adoptif est dans toutes les bouches ; un grand conseil des anciens désigne la nourrice : c'est généralement la femme la plus riche, la plus jolie, qui reçoit l'honorable mission de nourrir de son lait le velu nourrisson. Jamais mère ne choya plus son enfant ! Jamais mère ne fut plus fière et heureuse de dépenser son lait ! L'heureux oursin grandit ainsi au milieu des caresses, des assiduités de sa mère et de tout un peuple.

Mais, hélas ! bientôt ses instincts d'ours se développent ; malgré le lait si humain de la plus noble des Aïnoses, la cage est devenu nécessaire. Le petit a deux ans ; il est gros et gras ; il dévore la viande, le poisson et tout ce que les dévots lui apportent : le grand jour, le jour solennel approche. Les voisins sont convoqués : l'inspiré est consulté, et au jour désigné le *kouma-matzouri* (sacrifice de l'ours) commence. Tous les anciens, affublés de leurs plus beaux habits, toutes les femmes, la mère adoptive exceptée, avec un *tatou* fraîchement appliqué, entourent la cage de l'heureuse victime. Le grand chef, après avoir offert à sa majesté *oursine* les présents des différents villages, lui tient à peu près ce discours :

« C'est pour votre gloire et pour la bénédiction de tout ce peuple que votre majesté se prépare, par une souffrance d'un moment, à prendre rang parmi les dieux tout puissants. Que votre puissance ne considère que la gloire et le bonheur dont

elle jouira, et nous pardonne la violence que nous allons lui faire. »

Ce discours terminé, la cage est transportée dans un carré fermé de toutes parts par une forte clôture. Tous les Aïnos, hommes et enfants, sont là hors de l'enceinte, l'arc tendu à la main, respirant à peine. Les cris déchirants de la nourrice seuls troublent le profond silence. Enfin la cage est ouverte : l'ours bondit ; les flèches tombent sur lui comme une grêle : malheur au maladroit qui ne l'atteint pas ; il n'aura aucune part aux faveurs du nouveau dieu. Cependant le sacrifice est accompli. La foule se recueille et se sent comme saisie d'une respectueuse crainte. Toutes les flèches sont recueillies et sont offertes à l'ours, qui est immédiatement élevé sur une espèce de trône ou autel décoré avec tout le luxe qu'un peuple sauvage est capable d'inventer. L'inspiré proclame le nom du nouveau dieu, et apprend par inspiration quels seront ses nouveaux attributs. Lorsqu'il a fini de rendre son oracle, la foule se prosterne et demande pardon à l'ours de l'inconvenance et de la violence qui lui ont été faites. « Au reste, ajoute le plus ancien qui remplit les fonctions de prêtre, veuillez vous venger sur ces flèches, la cause immédiate de votre mort. — Qu'elles soient brûlées, » s'écrie la foule, qui allume un immense bûcher qui dévore en un instant les flèches et la cage qui servit de prison à leur dieu. — Bientôt la fête prend une tournure plus gaie : les mets, les liqueurs, les vases et les fleurs, tout est successivement offert au dieu-ours, et lorsqu'on le suppose satisfait du festin, des prières et prostrations qu'on lui adresse, il est dépecé, et sa chair, rôtie sur le bûcher sacré, est partagée entre les convives, qui arrosent ce banquet de copieuses libations de *miki*. Les danses, les chants, les discours de l'inspiré viennent tour à tour animer cette fête. Une seule personne pleure et semble abhorrer cette ivresse de la foule : c'est la nourrice ; elle se tient prosternée devant la peau remplie de paille de son enfant adoptif, et se livre à des lamenta-

tions sans fin. — Lorsque le miki est à peu près épuisé, lorsque
les jambes et le gosier refusent le service, l'ours empaillé
demeure sur l'autel, exposé au grand air, jusqu'à ce que le
travail du temps, assisté des oiseaux de proie, l'aient fait dis-
paraître; la tête, portée en procession, est suspendue à un pieu
ou poteau élevé devant la maison de la nourrice. C'est là que
le nouveau dieu est censé distribuer ses faveurs ; c'est là qu'il
reçoit les hommages et les suppliques de ses adorateurs.

Les lieux sacrés se reconnaissent au petit morceau de bois
blanc, artistement découpé, fendu et orné de guirlandes, de
spirales, faites avec des copeaux de bois. Au pied de ce bâton
sacré est une pierre polie ou un grand coquillage. Il est impossible de ne pas y voir une analogie frappante avec le miroir, et
les guirlandes en papier blanc, qui sont les seuls ornements des
mia, temples des Kamis, ou dieux primitifs du Japon. Ces
guirlandes et ce miroir, symboles de la pureté et de la droi-
ture, n'étaient primitivement que ce que sont aujourd'hui les
symboles du culte des Aïnos.

Il ne serait peut-être pas inutile de dire au lecteur un mot
du pays qu'habite ce peuple avec lequel il vient de faire con-
naissance. Il court du S.-O. au N.-E., de 42° 30' à 56° latitude
Nord. Les bords de la mer seuls sont habités; l'intérieur est
couvert de forêts impénétrables habitées par l'ours, le loup, et
la partie méridionale est peuplée par les Japonais et compte
plusieurs grandes villes, telles que *Hakodaté, Matsoumaï,
Esachi*, etc., etc. Cette partie de l'île, conquise par le frère du
premier *Chogoung* japonais, *Yoritomo*, fut longtemps le
théâtre d'une guerre acharnée entre les petits seigneurs qui
vinrent s'y établir à la suite de la conquête. Aujourd'hui Yezzo
est entièrement soumis au gouvernement du Japon, qui l'ad-
ministre par des gouverneurs résidant à Hakodaté, le port le
plus important et le plus commerçant de l'île, ouvert depuis
1858 au commerce étranger. Cependant, le Taikoung a laissé
au petit seigneur de Matsoumaï une partie de ses États. Il a

même, tout dernièrement, divisé une grande partie des terres entre les sept daïmios du nord de Nippon pour les intéresser à la défense de l'île. Les Japonais craignent les tendances d'envahissement de la Russie, et font de grands sacrifices pour mettre l'île en état de défense. Ce sont là de louables efforts de leur patriotisme ; cependant, nous devons reconnaître que l'île appartiendra à la Russie dès que celle-ci le voudra. Le fruit, il est vrai, n'est pas encore mûr. Le gouvernement japonais dépense chaque année des millions pour ouvrir des routes, creuser des canaux, défricher une terre naturellement fertile, élever des forts, et fonder divers établissements d'utilité publique. — La Russie ne saurait que gagner en temporisant. L'île, il est vrai, est naturellement très-riche par ses mines, dont les principales sont celles de plomb, de houille, de soufre, de cuivre, de fer et d'étain. La capitale de Yezzo, Hakodaté, est le siège de la légation de Russie et le port d'hivernage pour sa marine. — Tous les bâtiments russes chassés par le froid des ports de la *Mantchourie* viennent se réfugier à *Hakodaté*, où ils trouvent un mouillage sûr et toutes les provisions nécessaires.

Paris, le 29 octobre 1863.

MERMET DE CACHON,

Missionnaire-apostolique de la Société des Missions Étrangères, Membre de plusieurs Sociétés savantes, Chevalier de la Légion d'honneur.

Typ. Charles de Mourgues frères, rue J.-J. Rousseau, 8.

68

www.ingramcontent.com/pod-product-compliance
Lightning Source LLC
Chambersburg PA
CBHW060712280326
41933CB00012B/2399